Michael Heinen-Anders

Der Jupiter-Zustand des Planeten Erde und die 144.000

Herstellung und Verlag: BoD - Books on Demand, Norderstedt

ISBN: **9783734707414**

Inhaltsverzeichnis

Der Jupiter-Zustand des Planeten Erde und die 144.000

Der neue Jupiter, auch okkulter Jupiter genannt, wird die künftige fünfte Verkörperung unseres Planetensystems sein. Sie folgt unmittelbar der gegenwärtigen Verkörperung unserer Erde, nachdem diese durch eine geistige Weltennacht (Pralaya) hindurchgegangen sein wird. In der Apokalypse des Johannes wird dieser zukünftige Jupiterzustand als „Neues Jerusalem" bezeichnet.

Obwohl der künftige Jupiterzustand in der Zukunft liegt, lassen sich dennoch schon jetzt gewisse Erkenntnisse darüber gewinnen. Wenn sich das hellsichtige Bewusstsein nämlich auf den alten Mond richtet, aus dem unser Erdendasein hervorgegangen ist, so zerfällt dieses Bild nach einer Weile in zwei Teile, von denen einer auf die Vergangenheit, der andere aber auf den künftigen Jupiterzustand verweist, der in gewissem Sinne eine Wiederholung des alten Mondendaseins auf höherer Stufe ist.

„Die Wesen und Dinge, welche an der Mondenentwickelung beteiligt waren, haben sich weiter fortgebildet. Aus ihnen ist alles dasjenige geworden, was gegenwärtig zur Erde gehört. Aber es ist für das physisch-sinnliche Bewußtsein nicht alles wahrnehmbar, was sich vom Monde herüber zur Erde entwickelt hat. Ein Teil dessen, was sich von diesem Monde herüber entwickelt hat, wird erst auf einer gewissen Stufe des übersinnlichen Bewußtseins offenbar. Wenn diese Erkenntnis erlangt ist, dann ist für dieselbe unsere Erdenwelt verbunden mit einer übersinnlichen Welt. Diese enthält den Teil des Mondendaseins, welcher sich nicht bis zur physisch-sinnlichen Wahrnehmung verdichtet hat. Sie enthält ihn zunächst so, wie er gegenwärtig ist, nicht wie er zur Zeit der uralten Mondenentwickelung war. Das übersinnliche Bewußtsein kann aber ein Bild von dem damaligen Zustande erhalten. Wenn nämlich dieses übersinnliche Bewußtsein sich in die Wahrnehmung vertieft, welche es gegenwärtig haben kann, so zeigt sich, daß diese durch sich selbst sich in zwei Bilder allmählich zerlegt. Das eine Bild stellt sich dar als diejenige Gestalt, welche die Erde gehabt hat während ihrer Mondenentwickelung. Das andere Bild aber zeigt sich so, daß man daran erkennt: dieses enthält eine Gestalt, welche noch im Keimzustande ist und welche erst in der Zukunft in dem Sinne wirklich werden wird, wie die Erde jetzt wirklich ist. Bei weiterer Beobachtung zeigt sich, daß in diese Zukunftsform fortwährend dasjenige einströmt, was sich in einem gewissen Sinne als Wirkung dessen ergibt, was auf der Erde geschieht. In dieser Zukunftsform hat man deshalb dasjenige vor sich, was aus unserer Erde werden soll. Die Wirkungen des Erdendaseins werden sich mit dem, was in der charakterisierten Welt geschieht, vereinigen, und daraus wird das neue Weltenwesen wird, wie sich der Mond in die Erde verwandelt hat. Man kann diese Zukunftsgestalt den Jupiterzustand nennen. Wer diesen Jupiterzustand in übersinnlicher Anschauung beobachtet, für den zeigt sich, daß in der Zukunft gewisse Vorgänge stattfinden müssen, weil in dem übersinnlichen Teil der Erdenwelt, welcher vom Monde herrührt, Wesen und Dinge vorhanden sind, welche bestimmte Formen annehmen werden, wenn sich innerhalb der physisch-sinnlichen Erde dieses oder jenes ereignet haben wird. In dem Jupiterzustand wird deshalb etwas sein, was durch die Mondenentwickelung schon vorbestimmt ist; und es wird in ihm Neues sein, was erst durch die Erdenvorgänge in die ganze Entwickelung hineinkommt Deswegen kann das übersinnliche Bewußtsein etwas erfahren darüber, was während des Jupiterzustandes geschehen wird. Den Wesenheiten und Tatsachen, welche in diesem Bewußtseinsfelde beobachtet werden, ist der Charakter des Sinnlich-Bildhaften nicht eigen; selbst als feine, luftige Gebilde, von denen Wirkungen ausgehen könnten, die an Eindrücke der Sinne erinnern, treten sie nicht auf. Man hat von ihnen reine geistige Toneindrücke, Lichteindrücke, Wärmeeindrücke. Diese drücken sich nicht durch irgendwelche materielle Verkörperungen aus. Sie können nur durch das übersinnliche Bewußtsein erfaßt werden. Man kann aber doch sagen, daß diese Wesenheiten einen «Leib» haben. Doch zeigt sich dieser innerhalb ihres Seelischen, das sich als ihr gegenwärtiges Wesen offenbart, wie eine Summe verdichteter Erinnerungen, die sie innerhalb ihres seelischen Wesens in sich tragen. Man kann unterscheiden in ihrem Wesen zwischen dem, was sie jetzt erleben, und dem, was sie erlebt haben, und woran sie sich erinnern. Dies letztere ist in ihnen wie ein Leibliches enthalten. Sie erleben es, wie der Erdenmensch seinen Leib erlebt." (Lit.:GA 13, S. 397ff)

Im weiteren Verlauf der Erdentwicklung wird sich der Mond wieder mit der Erde vereinigen. Ein Teil der Menschen wird dann bereits so hoch entwickelt sein, dass sie im positiven Sinn mit diesen Mondenkräften umgehen können. Ein anderer Teil wird aber vorerst den Kräften des Bösen verfallen sein. Dann wird die Erde in den geistigen Übergangzustand des Pralayas eingehen, um in verwandelter Gestalt als neuer Jupiter wieder hervorzutreten. Das Mineralreich wird es dann nicht mehr geben. Das unterste Naturreich wird dann das Pflanzenreich sein. Die Menschheit aber wird sich in ein höheres und ein niederes Reich aufgespalten haben. Die Aufgabe der höher entwickelten Menschen wird es dann sein, den anderen zu helfen, den Anschluss an die fortschreitende Entwicklung wieder zu finden. Das wird noch bis gegen Ende des folgenden neuen Venusdaseins möglich sein.

„Es kommt eine Zeit, in welcher die Erden- und Menschheitsentwickelung so weit fortgeschritten sein wird, daß die Kräfte und Wesenheiten, welche sich während der lemurischen Zeit von der Erde loslösen mußten, um den weiteren Fortgang der Erdenwesen möglich zu machen, sich wieder mit der Erde vereinigen können. Der Mond wird sich dann wieder mit der Erde verbinden. Es wird dies geschehen, weil dann eine genügend große Anzahl von Menschenseelen so viel innere Kraft haben wird, daß sie diese Mondenkräfte zur weiteren Entwickelung fruchtbar machen wird. Das wird in einer Zeit sein, in welcher neben der hohen Entwickelung, die eine entsprechende Anzahl von Menschenseelen erreicht haben wird, eine andere einhergehen wird, welche die Richtung nach dem Bösen genommen hat. Die zurückgebliebenen Seelen werden in ihrem Karma so viel Irrtum, Häßlichkeit und Böses angehäuft haben, daß sie zunächst eine besondere, der guten Gemeinschaft der Menschen scharf entgegenstrebende Vereinigung der Bösen und Verirrten bilden werden.

Die gute Menschheit wird durch ihre Entwickelung den Gebrauch der Mondenkräfte sich erwerben und dadurch auch den bösen Teil so umgestalten, daß er als ein besonderes Erdenreich mit der weiteren Entwicklung mitgehen kann. Durch diese Arbeit der guten Menschheit wird die dann mit dem Monde vereinigte Erde fähig, nach einer gewissen Entwickelungszeit auch wieder mit der Sonne (auch mit den anderen Planeten) vereinigt zu werden. Und nach einem Zwischenzustande, der wie ein Aufenthalt in einer höheren Welt sich darstellt, wird sich die Erde in den Jupiterzustand verwandeln. Innerhalb dieses Zustandes wird es das nicht geben, was jetzt Mineralreich genannt wird; die Kräfte dieses Mineralreiches werden in pflanzliche umgewandelt sein. Das Pflanzenreich, welches aber gegenüber dem gegenwärtigen eine ganz neue Form haben wird, erscheint während des Jupiterzustandes als das niederste der Reiche. Höher hinauf gliedert sich das ebenfalls verwandelte Tierreich an; dann kommt ein Menschenreich, welches als Nachkommenschaft der auf der Erde entstandenen bösen Gemeinschaft sich erweist. Und dann die Nachkommen der guten Erden-Menschengemeinschaft, als ein Menschenreich auf einer höheren Stufe. Ein großer Teil der Arbeit dieses letztern Menschenreiches besteht darin, die in die böse Gemeinschaft gefallenen Seelen so zu veredeln, daß sie den Zugang in das eigentliche Menschenreich noch finden können." (Lit.:GA 13, S. 411)

144.000 ist die Zahl der Versiegelten aus dem Volk Israel, die in der Apokalypse des Johannes genannt wird. Rudolf Steiner bezeichnet diese Auserwählten gelegentlich auch als die Zwölfer-Menschen. Aus jedem der Zwölf Stämme Israels werden 12.000 erwählt (12 x 12.000 = 144.000).[1] Sie stehen vor dem Thron und dem Lamm Gottes. Gemeint ist mit dieser Zahl aber keine genau bestimmte Anzahl von Menschen, vielmehr wird dadurch ihre besondere geistige Qualität gekennzeichnet, durch die sie die Früchte der Erdentwicklung in das Neue Jerusalem hinüberleiten können.

„4 Und ich hörte die Zahl derer, die versiegelt wurden: hundertvierundvierzigtausend, die versiegelt waren aus allen Stämmen Israels: 5 aus dem Stamm Juda zwölftausend versiegelt, aus dem Stamm Ruben zwölftausend, aus dem Stamm Gad zwölftausend, 6 aus dem Stamm Asser zwölftausend, aus dem Stamm Naftali zwölftausend, aus dem Stamm Manasse zwölftausend, 7 aus dem Stamm Simeon zwölftausend, aus dem Stamm Levi zwölftausend, aus dem Stamm Issachar zwölftausend, 8 aus dem Stamm Sebulon zwölftausend, aus dem Stamm Josef zwölftausend, aus dem Stamm Benjamin zwölftausend versiegelt.

9 Danach sah ich, und siehe, eine große Schar, die niemand zählen konnte, aus allen Nationen und Stämmen und Völkern und Sprachen; die standen vor dem Thron und vor dem Lamm, angetan mit weißen Kleidern und mit Palmzweigen in ihren Händen, 10 und riefen mit großer Stimme: Das Heil ist bei unserm Gott, der auf dem Thron sitzt, und bei dem Lamm!"

– (Off 7,9-10 LUT)

Wie ist nun das Verhältnis der 144.000 zu
der Schar, die niemand zählen kann? An-
ders, als die Zeugen Jehovas glauben, gibt
es keine festgelegte Zahl derer, die errettet werden. Es mögen mehr oder weniger
sein, aber eindeutig mehr als 144.000.
Auch im 14. Kapitel der Apokalypse des
Johannes ist nochmals von den 144.000
die Rede - und zwar nachdem in Kapitel 13
die Wirkung der 666 gezeigt wird:

„Und ich sah: Siehe, das Lamm auf dem
Berge Zion und um es geschart die Hundertvierundvierzigtausend, denen sein
Name und der Name seines Vaters auf
den Stirnen geschrieben stand.“

– (Off 14,1 LUT)

Anschließend ist die Rede von ihren Fähig-
keiten:

„Keiner konnte das Lied erlernen außer
den Hundertvierundvierzigtausend, die
freigeworden waren waren von der
Knechtschaft des irdischen. Das sind diejenigen, die nicht ihr geistiges Wesen
durch das bloß Seelische verunreinigen
und also jungfräulichen Wesens sind. Sie
folgen dem Lamme nach, wohin sein Weg
auch führt. Sie sind aus der Menschheit
herausgelöst als der Urbeginn einer neuen
Menschheit, die dem Vatergotte und dem
Lamme angehört. Auf ihren Lippen wird
kein Trugwort laut. Ungetrübten Wesens
sind sie.“

– (Off 14,3-5 LUT)

Auch hier - bei dem Keime der neuen Menschheit, welcher übergehen wird zum Jupiterzustand des Planeten Erde - ist die Rede wieder von einer mehr symbolischen Zahl. Es gibt keine Vorherbestimmung, wie etwa im Koran, im Calvinismus oder eben bei den Zeugen Jehovas für 144.000 Menschen, die schon errettet sind.

„Während der Endzeit, wenn der letzte der sieben Posaunenstöße erklingt geht die Erde mit all ihren Wesen in einen anderen Zustand über, in eine astralische Erde. Es können diese Umwandlung aber nur jene Wesen mitmachen, die fähig sind, ihr Materielles zu überwinden und in den Dienst des Geistigen zu stellen. Alles, was dazu nicht imstande ist, wird «ausgeworfen und eine Art Nebenerde bilden...» (Zitat aus GA 104). Zur Astralisierung werden diejenigen Menschen fähig sein, die das

Christusprinzip in sich aufgenommen haben." (Lit.: Hella Krause-Zimmer, S. 37 - 38)

Im letzten Vortrag des Apokalypse-Zyklus (GA 104) „gibt Rudolf Steiner den Trost, daß auch die Menschen, die sich heute zum Bösen und sogar zur schwarzen Magie hingezogen fühlen, noch viele Gelegenheiten haben werden, diese Orientierung zu ändern." (Lit.: Hella Krause-Zimmer, S. 39)

Auch hier gibt es wieder eine Bestätigung Rudolf Steiners, dass es keinerlei Vorbestimmung (Prädestination) innerhalb der Menschheit hinsichtlich deren zukünftiger Entwicklung geben kann.

„Die Bildung jener zwei unterschiedlichen Weltensphären erfolgt aber nicht erst im Augenblick der voneinander klar getrennt erscheinenden Lebenszustände nach dem großen Pralaya, sondern sie hat bereits begonnen – wovon sich der Initiant beim geistigen Betreten der bereits geschilderten Illusionsschicht im Stoffinneren (der Erde) überzeugen kann. Noch ist aber nicht entschieden, welche Gewichtung die eine gegenüber der anderen Weltensphäre in Zukunft haben wird. Denn es ist durchaus nicht ausgemacht, dass die sich zu einer höheren Daseinsstufe entwickelte Gruppe von Menschen-Ichen die Majorität bilden wird. Wäre dies nicht der Fall, schwänden für sie auch die Möglichkeiten dahin, den abgefallenen Teil aus eigener Kraft alsbald zu erretten. Diese kleinere Gruppe wäre in einem solchen Fall hingegen unermüdlich damit befasst, sich gegenüber den übergriffigen Impulsen des sich weiter ausbreitenden Wesensgebildes des abgespaltenen Teils zu behaupten, um das Ziel ihrer Lebensgeist-Entwicklung überhaupt erreichen zu können." (Lit.: Judith von Halle, Bd. II, S. 770)

Literatur

Hella Krause-Zimmer: Der Jupiterzustand des Planeten Erde und seine Vorbereitung in der Gegenwart, Vlg. Die Pforte, Dornach 1999

Judith von Halle: Das Wort in den sieben Reichen der Menschwerdung. Eine Rosenkreuz-Meditation, Band II, Vlg. für Anthroposophie, Dornach 2022

Rudolf Steiner: Die Geheimwissenschaft im Umriß, GA 13 (1989), ISBN 3-7274-

Autobiographische Notiz:

Michael Heinen-Anders wurde am 25.02.1960 in Köln geboren. Er studierte an der Bergischen Universität Wuppertal Wirtschafts- und Sozialwissenschaften.
1989 schloss er das Studium als Diplom-Ökonom ab.
Michael Heinen-Anders trat 1994 der Anthroposophischen Gesellschaft, Zweig Köln, bei. Seit 2012 ist er gleichfalls Mitglied der Freien Hochschule für Geisteswissenschaft.
Er veröffentlichte zahlreiche literarische, essayistische und wissenschaftliche Schriften, darunter „Aus anthroposophischen Zusammenhängen", BoD, Norderstedt 2010 und „Aus anthroposophischen Zusammenhängen Band II", BoD, Norderstedt 2018.
Michael Heinen-Anders lebt in Köln, ist geschieden und hat zwei erwachsene Töchter.